AUSLÄNDER IM HIMMEL

Zuhause

im

Krieg

>> PEACE OF MIND <<
FRIEDEN ist ein Wohlfühlfaktor

Bibliografische Information durch
Die Deutsche Bibliothek:
Die Deutsche Bibliothek verzeichnet diese Publikation in
der
Deutschen Nationalbibliografie; detaillierte bibliografische
Daten sind im Internet über http://dnb.ddb.de abrufbar.

Herstellung und Verlag
BoD – Books on Demand, Norderstedt
5,00 Euro (D)

ISBN 9783754397886

Samu Kain
Deutscher-Meer

AUSLÄNDER IM HIMMEL

Zuhause
im
Krieg

>> PEACE OF MIND <<
FRIEDEN ist ein Wohlfühlfaktor

Ein kluger Kopf

soll
Samen streuen auf das Feld

und
Früchte tragen in die Welt...

Hände sollen streicheln,
weil
sie streicheln können...

nicht schlagen...
nicht in Wut verrennen...

Wenn alte Männer
Krieg androhen,
dann sind es doch
meist nur die jungen Männer,
die dafür sterben müssen...

Zwischen Freunden
muss niemand
um Frieden kämpfen...

Lasst uns alle
Freunde sein...

(Schlimme Gedanken☺)

Was gemein wäre...

Altersarmut

könnte man
doch perfekt

zum Beispiel
durch Corona,

> das Virus springt gezielt
> alte Menschen an,
> wie man sagt,

einschränken oder sogar verhindern...?

Nach dem Motto:
Sind nicht so viele Alte da,
gibt es auch nicht so große
Altersarmut...

oder?

Vor dem Sterben l e b e ...!

JOEL ROGOSIN fragte seine Frau Deborah:

„Hattest du zu unserer Hochzeit eigentlich Gehorsam geschworen?"

„Nein"

„Habe ich das so entschieden?"

„Nein, nie!"

„Nein, niemals?"

„Liebe Ehre und Respekt!
Nicht Gehorsam."

Joel Rogosin 30.10.1932-21.04.2020
(Er starb im Alter von 87 Jahren an den
Komplikationen von covid-19)

Ein Berg wirkt
durch ein Tal
immer etwas höher...

Kleines kann man einfach
zusammenpressen...
Großes schlecht...

Sand bleibt
immer Störfaktor

Eine Frage:

Wer ist eigentlich
Ausländer

im Himmel...?

DIE ZEIT geht
durch alles
immer geradeaus
weiter
und nimmt jeden einzelnen
und jedes einzelne
eine Strecke mit...

Je mehr
"Rückwärts"
da ist...
umso mehr
wächst
Verständnis...

Wenn
Rückwärts
zunimmt,

...
nimmt
Vorwärts
ab...

Schatten der kleinen Blume

Wenn der Schatten
der kleinen Blume
groß geworden ist,

dann weiß man,
dass es sehr spät ist...

Kräuter zwischen Gräsern stehen:

Ein ganzes Feld
mit Gras bestückt
aus einer kleinen Ähre…

der leichte Wind
war ganz verzückt
half mit bei der Vermehre...

der Regen ließ
es wachsen dann
satt fraßen sich
die Rinder…

und Blumen pflückten
Händchen dann,
es freuten sich
die Kinder...

Es schwindet

die Dunkelheit

an jedem Morgen...

Jeder Tag

zeigt

sein Gesicht neu...

ALLES

Alles wird uns nur geliehen,
Auch, wenn du glaubst, du hast bezahlt...
Trotz Arbeit, mit all ihren Mühen
werden nur Zahlen dir gemalt ...

Zahlen, die nicht beständig sind,
auch sie verlieren schnell an Wert...
und wer doch Zahlen größer find'
hat bald den Wert auch umgekehrt....

Lebenszeit, die du vergeben,
nur zu steigern Zahl und Geld...
um mitzuhalten hier im Leben,
um Teil zu sein, der großen Welt...

Ist der letzte Tag gegangen,
der wie alle niemals wiederkehrt,
bist noch vom Welt-Reichtum umfangen
lernst du, was dir allein gehört...

Volle Koffer, Beutel, Tasche,
hältst du sie fest auch in der Hand,
trennt, zerreißt des Todes Masche
Überflüssigkeit vom Lebensrand...

Hast alles bezahlt auch mit Lebenszeit,
trotzdem nimmst du gar nichts mit,
selbst aus wichtigster Vergänglichkeit,
kein Glück, kein Leid, wer dies erlitt...

Vielleicht
wurd' der Tod versetzt mal mit Geld,
trotzdem vergisst er keinen auf der Welt...

So nackt, wie du gekommen,
wirst du zurück genommen...

Nichts nimmst du mit im Fall des Falles
Alles lässt du los, wirklich alles...

****

Erinnerung bleibt nur
eine zeitlang an dich...

Lass sie Friede und Freude sein…
nicht fürchterlich!

****

Aus der Ferne gesehen
sind riesengroße Sterne
auch nur kleine Pünktchen...

Was wäre wenn...
was wäre,
wenn das Gehirn im Hintern sitzen würde und
alles was dort ist aus dem Kopf lugt...

Wenn die Gedanken fallen müssten, um dort
anzukommen...?

Wenn man auf den Gedanken sitzen bleiben
würde... Was würde sich noch bewegen...?

Wenn die Speisen und Getränke steigen müsste
um dort anzukommen?

Wenn das Sexualleben über Kopf ausgetragen
werden müsste...?

Wenn alle Ausscheidungen über Kopf
ausschalten müssten...?

Was würde sein,
wenn der Mensch mit neuer Software
ausgestattet sein würde...?

Was würde sein, wenn die natürliche
menschliche Software überschrieben würde
durch neue künstliche Software...?

ÜBERSEHEN…?

könnte man,
wenn
man wollte,
wenn
man dürfte,
ohne moralisch
gut oder schlecht abzuwägen,
egotriptisch
alle Möglichkeiten
des Lebens
im Leben voll ausnutzen?

„Okay,
wenn das Dach über dir
zusammenbricht,
dann kannst du
wenigstens
die Sterne sehen…"

würde dann
vielleicht

Mariele Millowitsch

dazu sagen?

Kinder, macht euch keine Sorgen...
habt keine ANGST vor Morgen...

Ein Besserwisser
bin ich nicht...
Ich bin auch nicht allwissend,
die anderen aber auch nicht...
nicht die Klügeren...
nicht die, die mehr wissen...
auch nicht die,
die weniger wissen...

Vergesst nur bei allem Gerede nicht,

alles entwickelt sich **von und durch**
und
kommt
aus dieser einen

Natur...

auch das nun so verteufelte Plastik...

Plastik, ein menschlich erzeugtes Produkt aus
einer Naturentnahme...

Es bedarf nicht "Friday for Future",
um die "Zukunft zu schützen"...

Es bedarf
des klaren Verstandes...

Hirn heißt es
GE-H-IRN...wenn
es sich bewegen soll...

Jeder einzelne
sollte sein *ICH*
nicht
in Übergröße sehen...

Und ganz simpel,
alle Wünsche
zurückschrauben
und klein halten...

Schneller zufrieden sein
mit sich und auch
seinem Nächsten
Gutes wünschen...

Nicht allen alles beneiden...

FREU DICH,

mit dem Nachbarn,
wenn er einen
schönen Garten hat...

du brauchst nicht
noch schönere und teurere Blumen...

Du musst nicht
losrennen, um mit noch
teureren Gartenmöbel anzugeben...

Freu dich
über den nachbarlichen Anblick,
der dir unentgeltlich vergönnt ist...

DEINE Nachbarn müssen
dafür schuften,
um die Perfektion zu erhalten...

während du
seine Schönheit genießen kannst...
ohne
auch nur einen Finger zu rühren...

WENN

die Wolken Berge zaubern...
gleich hinter deines Nachbarn Haus..
rückt nah der Himmel ohne Zaudern
und alles sieht gleich himmlisch aus...

WER

etwas für die Umwelt tun will,
der hat immer noch
seine Pferde,
die er warten lassen kann...
unter dem Kühler...
im Motorraum...

ANSONSTEN:

Selbst einfach weniger: ***wollen***

ALLES IM LEBEN
hat seine Reihenfolge…?

Gerade, wenn
viel Kohle im Spiel ist,
leben Ärzte
meist von ihrem Ruf...?

Stillgelegte Räder,
bringen niemanden weiter…?

Geschichte schreiben nur die,
die im Licht stehen...?

Die Wege des Gehirns, sind
manchmal
die Umwege…?

Man mag hin und her überlegen,
aber
man kommt immer
doch nur
in einer Richtung weiter ...

bis zum Ende...?

Viele Menschen,
deren Lebensweg
sich eine Zeit lang
auf der Uni entwickelt,
schweben danach
über der Gürtellinie weiter*...?*

Jeder
Mistkäfer
hat seine Chance...?

Je älter
man wird,
umso näher
rückt
die Vergangenheit...?

Die Frau im Frack
ist immer elegant gekleidet,
wie…?

wie ein Mann...?

IST NICHT BILLIG,
aber lohnt sich:

Weil zu besonderen Anlässen
immer gut zu tragen,
ohne dass sie
vor dem Kleiderschrank steht
und
nicht weiß,
was sie anziehen soll...
weil ja
nichts richtig und
nichts passend ist...

Lache nie
über die Dummheit der anderen,
sie ist deine Chance...
(Winston Churchill)

IST ES SO...?

… dass die teuren Sachen,
die wir um uns scharren, weil der andere
sie hat,
die wir tragen , auch teuer bezahlen,
weil auch die anderen sie haben …

dich damit aufwerten…
damit angeben…
ja, dich wertvoller machen…
dich erhabener machen…
und die dir das Recht geben,

verächtlich
auf andere hinab zu blicken,
die nicht das Teure haben…
Ist es so…?

Oder
Ist es nicht vielmehr so,
dass,
die teuren Dinge,
mit denen du dich umgibst,
die teuren Sachen,
mit denen du dich kleidest
und die dich umhüllen,

dass du selbst
damit billiger wirst…?

DENN

alles was größer
neben dir steht,

macht
dich natürlich
kleiner

und alles
was teurer ist,

macht
etwas anderes billiger…?

WER

in seinem

eigenen

Schatten
stehen bleiben will,
schafft keine großen Sprünge…

denn wer

im Schatten

anderer steht,

bleibt meist

im Dunkeln…

DESHALB, BLEIBE,

wie du bist, passe
dich nicht anderen an,
die oberflächlich
in der Masse

meist
auf Kosten anderer nur
mitschwimmen…

…dort vergeudest du deine Kraft

Gehe Deinen Weg,

bestimmt, wie eine Forelle,
die stromaufwärts schwimmt,
sogar gegen den Strom kämpft,
um ihr Lebensziel zu erreichen…

Wer andauernd
von Ehrlichkeit spricht,
Verlangt sie von anderen,
aber
vergisst sie
meist selbst
zu realisieren…

Wie ein weißes Blatt

bist du

am Anfang

deines Lebens

Eine Überlegung ist es wert?

Wenn sich die Impfungen für Kinder
nachträglich nachteilig durch Nebenwirkungen
zeigen,
wird es sich in der Nachfolge auch weiter
negativ
auf die später aus dieser Generation
ANGEWIESENEN auswirken und von der
Gesellschaft , ob Alt oder Jung, auszubaden
sein müssen...?

Weil der Mensch im Zoo Übersicht und Kontrolle
über die Tiere dort erhalten und behalten will,
bekommen
Jungtiere im Zoo ihren Chip, also ihren eigenen
Personalausweis, unter die Haut gespritzt ...

Das Implantieren des Chips ist ja nur ein kleiner
Piks…

mit der Spritze...

Wenn ein kleiner Hund
geimpft werden soll, muss er vorher eine
Wurmkur haben, damit er gesund ist, heißt es…

Bei den Menschen
ist das bei einer durchzuführenden Corona
Impfung wohl nicht so wichtig,
die… sollen in ein öffentliches Impfzentrum
gehen, und jeder sonst wer... kann ihn dann –
ohne „ *jegliches Vorher*" , *Untersuchungen, etc.*-
ruckzuck stechen…?
… ist ja nur ein kleiner Piks ... unkontrolliert...
von Dr. oder Nicht-Dr. Jedermann…?

Hauptsache:
geimpft...1x, 2x, 3x usw?

Entscheidungen:

Einmal rechts...
Einmal links...
aber:

mittig geht es auch…!

ACH NEE,

GEFÄLLT MIR NICHT,

UND DIR…?

„Ich kann kein Volk mir denken, das zerrissner wäre, wie die Deutschen.

Handwerker siehst du, aber keine Menschen, Denker, aber keine Menschen,

Priester, aber keine Menschen,

Herrn und Knechte, Jungen und gesetzte Leute, aber keine Menschen –

ist das nicht, wie ein Schlachtfeld, wo Hände und Arme und alle Glieder zerstükkelt untereinander liegen,

indessen das vergossne Lebensblut im Sande zerrinnt?"

Friedrich Hölderlin (20.03.1770-07.06.1843)

AUSLÄNDER

IM

HIMMEL

WIR KOMMEN

den Tieren doch noch
näher...?

Während
die Ameisenbrut
von unserer besagten
Glückskäfer Population
durch Wegfraß
eingeschränkt wird...

scheint derzeit
Corona,

(politisch im Geheimen)

unverstanden

als rettender Glückskäfer
für die jungen Nationen,
zu wirken...?

Die Wege des Gehirns, sind die Umwege...

WENN MEINE WOLLSOCKEN

gekocht wurden,
die mir super gut gepasst haben,
dann muss ich davon ausgehen,
dass meine Füße in diese ein- gekochten
Socken
nicht mehr reinpassen…

.... wenn die Intensivstationen in den
Krankenhäusern „ eingekocht" werden,
das heißt, um Intensivplätze minimiert werden,
damit die Prämienzahlungen
wegen fehlender Auslastung nicht gestrichen
werden,

dann muss man auch damit rechnen,
das weniger Patienten auf den Intensivstationen
behandelt werden können.
Die Auslastungen würden
im Falle der Fälle von großen Erfordernissen
möglicherweise auch
schneller erreicht werden können...???

Wenn also vier Äpfel
für vier Kinder
vormals zu verteilen waren,
bekam jedes Kind einen Apfel…
Bei drei Äpfeln, also verminderter Menge
bekommt jedes der vier Kinder
dann nur noch 3/4tel Apfel

Der Wind ist müde... □

VON MAL ZU MAL

bin ich total
verohrwurmt...
mit Corona Zwang...
Es brummt der Kopf
bald steht der Schopf
auch zu Berge mir
ich fürcht' schon lebenslang...?

Corona rafft die Menschheit hin.
Altersmäßig macht's auch Sinn,
wenn die Alten zuerst geh'n,
können Junge sich noch dreh'n...?
Lasst das Corona-Impf-Geschreie,
es kommt jeder an die Reihe,
auch mit Schrecken im Gesicht:
"Ach, der Tod vergisst uns nicht...?"

Tod und Leben sind wie Brüder,
schlagen und versteh'n sich wieder,
mit festem Zepter in der Hand
natürlich... Lang ist's schon bekannt...?
Drum genieße deine Lebenszeit
in ihrer ewigen Einmaligkeit...
ohne Panik vor mutierenden Viren
ohne uns würden sie alle verlieren...?

„INTELLI"-SOFTWARE

von kühnen Schlauen,
versuchen Wagemutige, die darauf bauen,
damit die Viren zerschlagen zu können...
bis zum Tod... ein mutierendes Rennen...?

"Nichts bleibt wie es ist!"
sagt uns die Natur.
Na...?
-
darum
lebe
einmal
einfach
vor rückSICHT
dein Leben
natürlich
nur...

□□
Na, noch eine Tour
zurück in die Natur?

ALS ich noch
gerade Wege ging
wusste ich ziemlich schnell
was ein
Schlagloch ist....

und
um Schlaglöcher herum
zu gelangen,
lernt man schnell,
sie durch Kurven zu umgehen...

DIE WEGE werden aber länger
und länger...

Nun
weiß ich
ebene Wege zu schätzen...

WENN DUMM Geschwätztes
den Himmel verdunkeln würde,
müssten wir alle
in der Dunkelheit darben...

Einmal Arschloch...
Immer Arschloch...

niemals wird
daraus ein Kussmund

Aber,
jedes hat
seinen Auftrag...

WER SICH
zwischen die Stühle setzt,
muss
sich nicht wundern,
keinen
Halt
zu finden...

****

WER SAGT:
„Die Alten sind
 das Ungeziefer der Gesellschaft..."?

Der hat noch nicht begriffen,
wie hilflos er selbst auf die Welt
gekommen ist
und mit wieviel Freude ihm
Hilfe, Halt, Pflege, Liebe, Zeit,
in Opferbereitschaft
von den „Alten" geschenkt wurde
und wie und warum er
das ist, was er ist...

Er sollte aber
nicht und niemals
vergessen,
dass auch er selbst mal
alt wird... oder vielleicht doch nicht...?

Der Wind ist müde...

Der Einsiedler

mit
2 Stühlen...
ist

einsam...?

Oder:

Will ein Einsiedler
mit 2 Stühlen
alleine bleiben...?

Wenn mein Hemd
keine Taschen mehr hat
weiß ich, dass
es mein letztes... ist...?

Welches Lied
singt ein Radio,
wenn die Batterien
leer sind...?

IM NÄCHSTEN MOMENT

schon
kannst du klüger und weiser werden...
Man muss nur wollen und
Geist und Seele dafür offen halten...

Es kommt wie es kommt. ..
Es ist wie es ist. ..
Wir müssen nehmen wie es ist
Wir können ändern wie wir können...
für uns und die anderen
die da kommen wie sie kommen...
Sie müssen nehmen wie es ist
und können ändern wie sie können
für sich und die anderen
Die da kommen wie sie kommen
Bis wir gehen. ...bis sie gehen. ..

Was dir auch begegnet,
Es ist von Vorteil,
sein Gegenüber
richtig
einzuschätzen...

DIE VIELEN GEHIRNE

auf der Welt
ergeben eine große
Masse...

sie... kann
sich gegenseitig blockieren,
dann kommt es zum Stillstand...

sie... kann aber auch
sich ineinander einfügen und
Gutes gelingen lassen...

Aus 8,4 Millionen
Kombinationsmöglichkeiten
bin ich aus der Liebe Gene entstanden…
und ich habe mich entwickelt
zu einem einmaligen Wunderwerk…
zu einer einmaligen kleinen perfekten Welt,

so wie jedes andere Lebewesen
eine eigene perfekte,
in sich funktionierende Welt ist…
deren Laufzeiten sie sich stets anpasst…
wie im Kreislauf
der vergangenen Millionen Jahren
schon vor uns…

„WIE SPÄT ist es?"

Nach der Uhrzeit zu fragen,
ist die unauffälligste Entschuldigung,
sich aus Unlustgründen
aus dem Staub zu machen...?

RICHTE deinen Blick
auf das Wesentliche...
dabei aber...
verliere das Unwesentliche
nicht aus den Augen...

IM WALD

kann man
in seiner Zeit
einfach mal
stehen bleiben,

ohne

dass es auffällt...

Gesetzesreiter

können sich
auch mal
verletzen

am

A...llerwertesten...

Der Wind ist so müde...

*H*OFFNUNG

wenn die letzte Erinnerung
mit Erde bedeckt wird,

wachsen
neue schöne Blumen
mit
neuen
guten
Erinnerungen.

KRIEG ist
teurer als Frieden.
Krieg kostet
dich Hab und Gut schlimmstenfalls dein Leben...

FRIEDEN kostet
Dich
nur ein Lächeln.

DER WEG

zu einem Treffpunkt
führt meistens aus
verschiedenen Richtungen.

… und trotzdem
kann man sich treffen.

Ein **HÜHNCHEN**
ist ein kluges Tier...

Hühner legen
sich auf den Boden
und stellen sich tot, wenn
über ihnen der Habicht kreist...

ALTE HÜHNER
legen keine Eier...

Vielleicht
aber müssen sie
die täglichen
Eier-Diebstähle
verarbeiten
und wollen
trotzdem
noch ein bisschen
die Welt genießen...?

GESTERN
kann man nicht zurückholen und
von gestern auch nichts...

BEI NEUGIERIGEN NACHBARN,
die immer alles wissen wollen...

sich ins Wohnzimmer setzen
...alles erzählen
sich bewirten lassen
loben bis zum Umfallen ...
und bleiben...

SITZFLEISCH
ansetzen lassen...

Bis die Nachbarn
GEHEILT sind,

denn Angriff
gilt als beste Verteidigung...

Vielleicht reicht dann auch
EIN LÄCHELN FÜR DEN FRIEDEN...

JA ICH WEIß,

werbewirksam bin ich nicht.

Nicht sonst und auch nicht für die
Gesundheitsindustrie...

Ich bin, wie ich meine, ein fertiger Mensch, so
wie Gott mich hat schaffen lassen, mit meinen
eigenen Genen.

 jeder Mensch ist unterschiedlich,
 jeder Körper ist

eine eigene kleine Welt für sich;
die der Tiere, die der Pflanzen, ja sogar,
die der Steine, Körner und Splitter;
auch die der Sterne, sagt man.

Einmalig also auch in aller Beschaffenheit, ob
miteinander näher oder entfernter verwandt.
EINMALIG!

Einmalig ist auch die Zeit, in der jeder Körper
sichtbar ist.

Wie einmalig jeder Wassertropfen ist, kann ich
nicht sagen... aber auch jeder Wassertropfen
kann mich nur einmal in meinem Leben zur
gleichen Zeit treffen...oder?

WENN
alles verloren scheint,

bleibt
immer noch
die Hoffnung
auf eine bessere Zukunft...

WENN

zwei Meinungen

aufeinander stoßen,

ist die dritte

Meinung

auch nicht weit entfernt...

„**GE**sundheitspoliticker"

sollten vielleicht

„sicherheitshalber"

Gesundheit

studiert haben,

damit

„Selbstverständliches"

anstatt

dummes Zeug

getickert wird?

Ich bin
nur

ein kleiner Regenwurm...

aber...
einzigartig

GETEILTE FREUDE
ist
halbes Leid…

Wer

in der Natur

seine Augen aufhält,

dem öffnet sich
auch die Seele…

FEHLER

sind

nicht umsonst…

sie sind
Sprungbretter
zur

besseren

WISSENSERWEITERUNG.

Es ist vollbracht,
...
Ich hab' euch meine Zeit geschenkt,
ob ihr wolltet
oder nicht...

Kaum habe ich an mich gedacht
nicht geweint, doch gern gelacht...
Keinem Tränen je gezeigt,
nur nachts, wenn der Tag sich neigt'...

liefen manchmal sie in Strömen
schwer ist es oft, sich zu versöhnen..

mit dem Leben in dem Leben
und was noch dazugegeben...

Packen voll mit Sorgen schwer...
von überall kommen sie her...

Und an jedem neuen Morgen
stapeln sich schon neue Sorgen...

Na und?
die... verschieb' ich
halt auf morgen...

Heute steh' ich noch „meinen Mann"
schaffe alles, was ich heute kann...

Es ist,
wie es ist…

machen wir alle
das Beste daraus…

Ich wünsche uns Allen

EINE GUTE ZEIT

Ihr

Samu K. Deutscher-Meer

Ausländer

im Himmel wollen wir nicht sein…
denn kommen wir dorthin,
dann kehren wir heim…

zu Gott Vater,
dessen Kinder wir alle sind,
hörst du es leise?
das pfeift dir der Wind…

aus Mutter Erde sind wir

und

zu Mutter Erde kehren wir alle zurück…

nach unseren Werken
zu unserem Glück…

Lebe

Dein Leben,
dafür ist es Dir gegeben.

Pflege die Natur

und gieße

die Blumen

auch

am Wegesrand

schön,

damit auch die Kinder
sie später noch sehn...